CADERNO DO FUTURO

Simples e prático

Língua Portuguesa

1º ano
ENSINO FUNDAMENTAL

 4ª edição
São Paulo – 2022

Coleção Caderno do Futuro
Língua Portuguesa 1º ano
© IBEP, 2022

Diretor superintendente Jorge Yunes
Diretora Editorial Célia de Assis
Editora Adriane Gozzo
Assistente editorial Isabella Mouzinho, Stephanie Paparella, Patrícia Ruiz
Revisão Denise Santos, Yara Affonso
Departamento de arte Aline Benitez, Gisele Gonçalves
Secretaria editorial e processos Elza Mizue Hata Fujihara
Assistente de produção gráfica Marcelo Ribeiro
Projeto gráfico e capa Aline Benitez
Ilustrações Vanessa Alexandre
Editoração eletrônica N-Public

Impressão Leograf - Maio 2024

4ª edição - São Paulo - 2022
Todos os direitos reservados.

Rua Gomes de Carvalho, 1306, 11º andar, Vila Olímpia
São Paulo – SP – 04547-005 - Brasil – Tel.: (11) 2799-7799
www.editoraibep.com.br

Dados Internacionais de Catalogação na Publicação (CIP) de acordo com ISBD

P289c   Passos, Célia

Caderno do Futuro 1º ano: Língua Portuguesa / Célia Passos, Zeneide Silva. - 2. ed. - São Paulo : IBEP - Instituto Brasileiro de Edições Pedagógicas, 2022.
96 p. : il. ; 32cm x 26cm. – (v.1)

ISBN: 978-65-5696-216-0 (aluno)
ISBN: 978-65-5696-217-7 (professor)

1. Ensino Fundamental Anos Iniciais. 2. Livro didático. 3. Língua Portuguesa. 4. Ortografia. 5. Gramática. 6. Escrita. I. Silva, Zeneide. II. Título.

2022-3335

CDD 372.07
CDU 372.4

Elaborado por Odilio Hilario Moreira Junior - CRB-8/9949

Índice para catálogo sistemático:
1. Educação - Ensino fundamental: Livro didático 372.07
2. Educação - Ensino fundamental: Livro didático 372.4

APRESENTAÇÃO

Queridos alunos,

Este material foi elaborado para você realizar várias atividades de Língua Portuguesa e auxiliá-lo no processo de aprendizagem. São atividades simples e práticas que retomam temas de estudo do seu dia a dia, preparando você para as diversas situações de comunicação que vivencia na escola e fora dela.

Esperamos que aproveite bastante este material no seu desenvolvimento escolar e pessoal.

Um abraço.

As autoras

SUMÁRIO

BLOCO 1 6
Alfabeto

BLOCO 2 8
As vogais
Junções das vogais

BLOCO 3 12
Famílias silábicas:
– ba, be, bi, bo, bu
– ca, co, cu
– da, de, di, do, du

BLOCO 4 19
Famílias silábicas:
– fa, fe, fi, fo, fu
– ga, go, gu
– ja, je, ji, jo, ju

BLOCO 5 26
Famílias silábicas:
– la, le, li, lo, lu
– ma, me, mi, mo, mu
– na, ne, ni, no, nu

BLOCO 6 34
Famílias silábicas:
– pa, pe, pi, po, pu
– ra, re, ri, ro, ru
– sa, se, si, so, su

BLOCO 7 40
Famílias silábicas:
– ta, te, ti, to, tu
– va, ve, vi, vo, vu

BLOCO 8 45
Famílias silábicas:
– xa, xe, xi, xo, xu
– za, ze, zi, zo, zu

BLOCO 9 50
As letras k, w, y

BLOCO 10 54
Família silábica:
– ha, he, hi, ho, hu

BLOCO 11 57
Dificuldades linguísticas:
– Palavras com ce, ci
– Palavras com ça, ço, çu

BLOCO 12 63
Dificuldades linguísticas:
– Palavras com qua, quo
– Palavras com que, qui

BLOCO 13 67
Dificuldades linguísticas:
– Palavras com ge, gi
– Palavras com gue, gui

BLOCO 14 71
Dificuldades linguísticas:
– Palavras com gua, guo

BLOCO 15 72
Dificuldades linguísticas:
– Palavras com r
– Palavras com ar, er, ir, or, ur
– Palavras com rr

BLOCO 16 77
Dificuldades linguísticas:
– Palavras com ss
– Palavras com s

BLOCO 17 81
Dificuldades linguísticas:
– Palavras com ch, nh, lh

BLOCO 18 89
Sons do x

BLOCO 19 91
Dificuldades linguísticas
– Palavras com an, en, in, on, un
– Palavras com am, em, im, om, um

BLOCO 20 96
Dificuldades linguísticas:
– Palavras com ã(s), ão(s), ãe(s), ões
– Palavras com al, el, il, ol, ul

BLOCO 21 100
Palavras com bl, cl, fl, gl, pl, tl
Palavras com br, cr, dr, fr, gr, pr, tr, vr

Bloco 1

CONTEÚDO:
- Alfabeto

Lembre que:

- Para escrever as palavras, usamos as **letras**.
- Vinte e seis letras formam o **alfabeto da língua portuguesa**.
- As letras podem ser **maiúsculas** ou **minúsculas**.
- As letras podem ser de **imprensa** ou **cursivas**.

igreja  I i	jacaré  J j	kiwi  K k	lua  L l
melancia  M m	navio  N n	ovelha  O o	pirulito 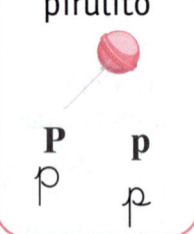 P p
queijo 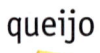 Q q	rato  R r	sapo 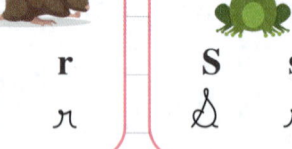 S s	tatu  T t
abelha  A a	baú  B b	canoa 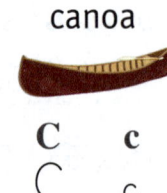 C c	dado  D d	uva  U u	vaca  V v	web  W w	xícara 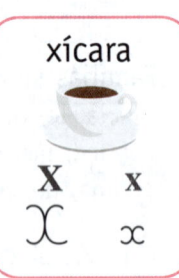 X x
elefante  E e	foca  F f	gato  G g	hipopótamo  H h		yakisoba  Y y	zebu  Z z	

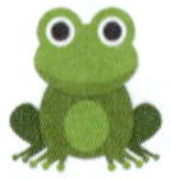

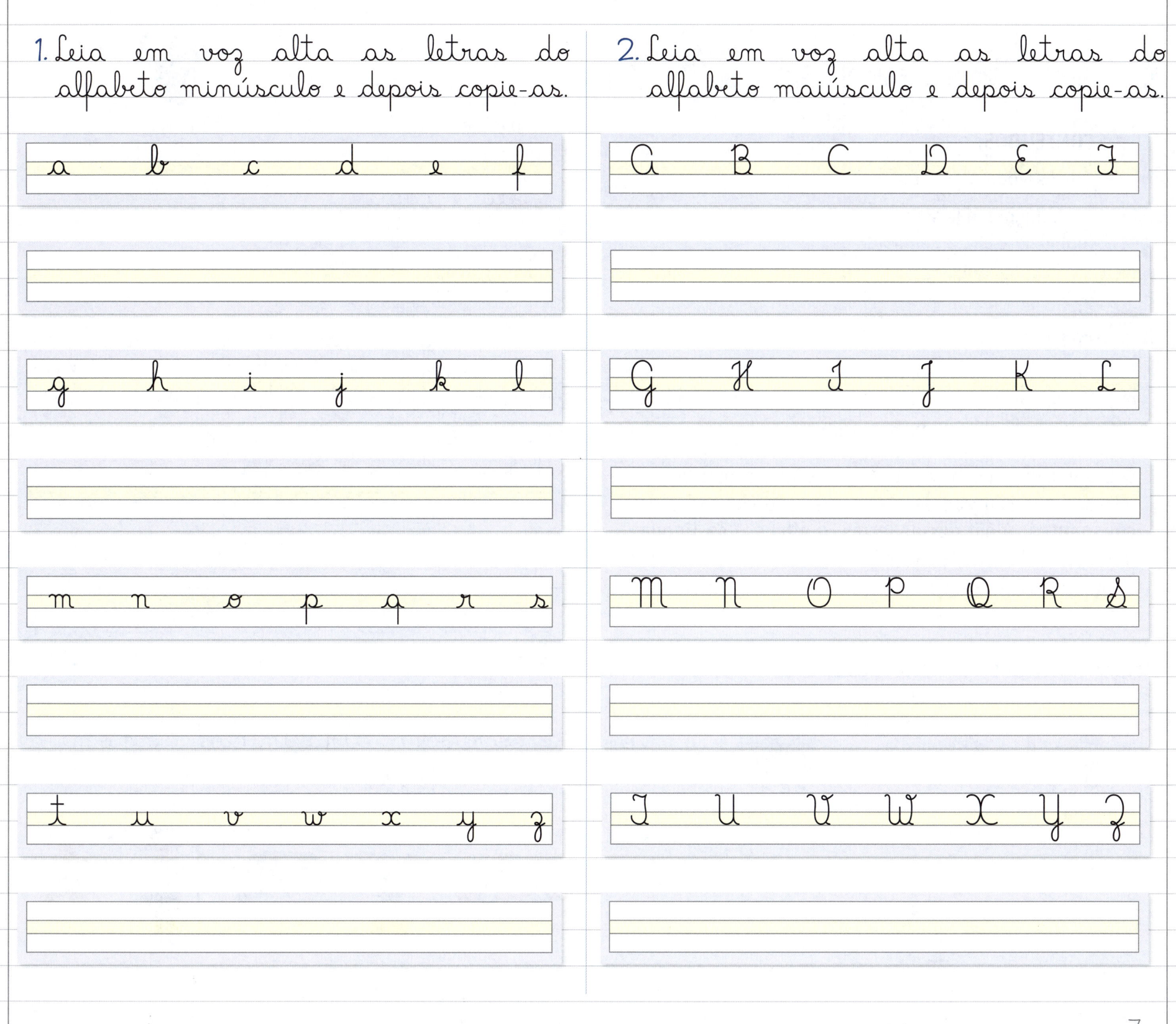

Bloco 2

CONTEÚDOS:
- As vogais
- Junções das vogais

As vogais

> **Lembre que:**
>
> Como você viu no bloco 1, nosso alfabeto tem 26 letras. Cinco são **vogais** e as outras são chamadas de **consoantes**. Além dessas letras, o alfabeto da língua portuguesa tem as letras **k**, **w** e **y**, usadas em nomes e em palavras estrangeiras.

Observe as **vogais** do nosso alfabeto.

a A
a A
abelha

e E
e E
elefante

i I
i I
igreja

o O
o O
ovelha

u U
u U
uvas

1. Leia e copie.

A a

E e

I i

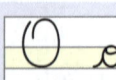
O o

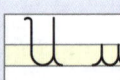
U u

2. Escreva a letra inicial do nome de cada figura.

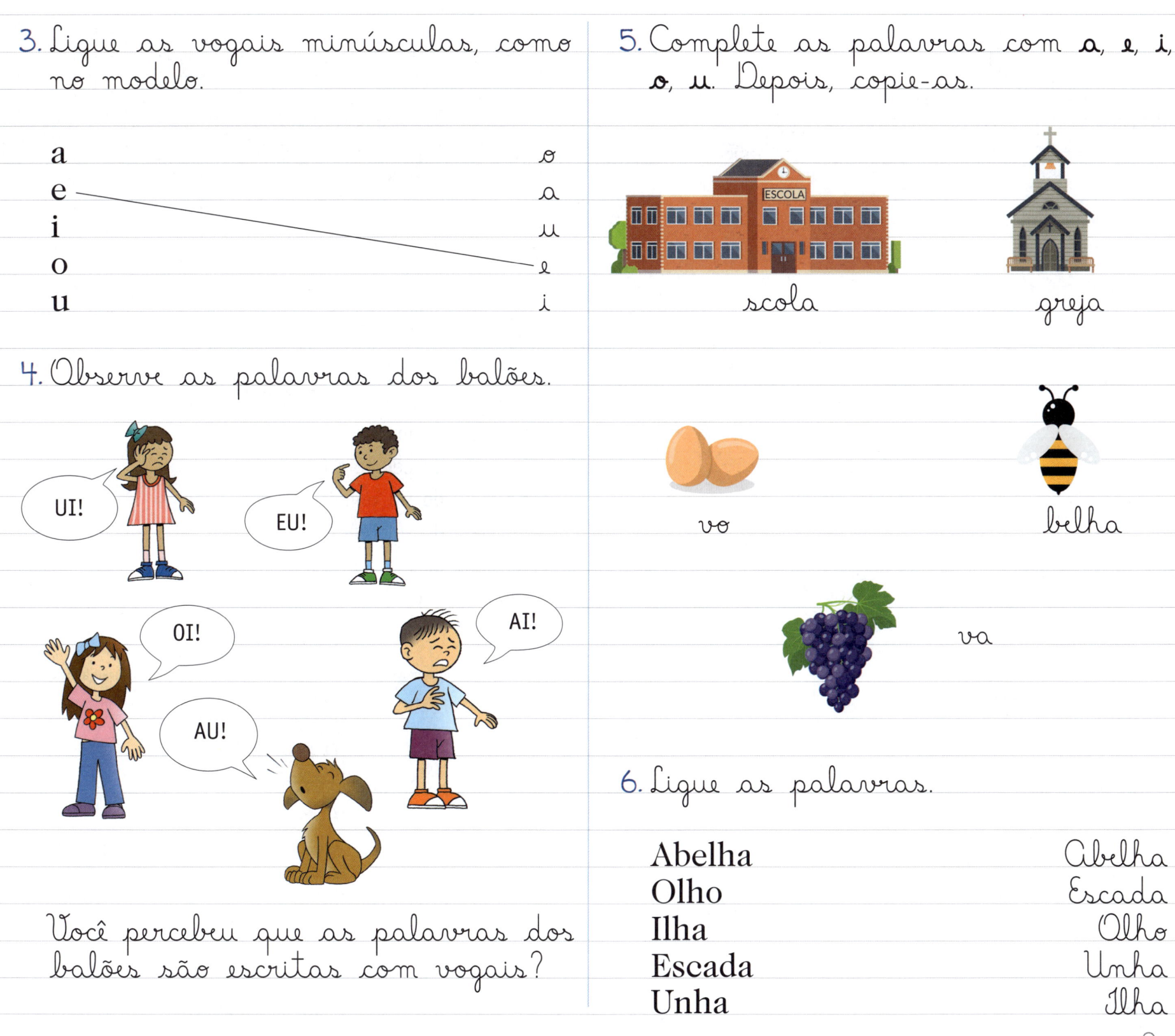

7. Leia e copie.

au

ei

oi

ai

ia

ui

eu

ou

ao

aí

uai

ué

8. Leia o texto a seguir.

A E I O U

No meio do mar tem A
No meio do céu tem E
No meio do rio tem I
No meio do sol tem O
No meio da lua tem U
E no meu coração
Tem amor pra chuchu.

Rubinho do Vale. "A E I O U". *Ser criança*.
Disponível em: www.rubinhodovale.com.br. Acesso em: 20 ago. 2022.

9. Complete as palavras com a vogal que está faltando.

M R   R O

C U   S L

   L A

10. Leia em voz alta a lista de compras a seguir.

> Feijão
> Tomate
> Óleo
> Cenoura
> Café
> Leite
> Carne
> Queijo

11. Da lista de compras acima, pinte de amarelo as vogais e de azul as consoantes.

12. Escreva seu primeiro nome.

13. Escreva só as vogais do seu nome.

14. Escreva só as consoantes do seu nome.

15. Forme palavras a partir da numeração dos quadrinhos.

1	2	3	4	5
a	e	i	o	u

1 + 5 = ☐   4 + 3 = ☐
5 + 3 = ☐   1 + 3 = ☐
1 + 4 = ☐   4 + 5 = ☐
3 + 1 = ☐   2 + 3 = ☐

16. Pinte as junções de vogais indicadas.

ai	ai	ei	ou	ai	au	oi
	eu	ia	ai	eu	ai	ai

au	ou	au	au	oi	au	eu
	au	eu	ei	ai	ai	au

ei	ei	ia	ai	ia	ei	ia
	ui	ai	ei	ia	ia	ei

oi	ou	ai	eu	ou	ei	oi
	oi	ei	oi	ai	oi	ei

au	ou	eu	au	ei	eu	ou
	au	oi	eu	ai	eu	au

Bloco 3

CONTEÚDOS:
- Famílias silábicas:
  - ba, be, bi, bo, bu
  - ca, co, cu
  - da, de, di, do, du

Família do b:

ba	ba
be	be
bi	bi
bo	bo
bu	bu
Ba	Ba
Be	Be
Bi	Bi
Bo	Bo
Bu	Bu

1. Leia e copie.

ba

be

bi

bo

bu

2. As palavras são divididas em partes chamadas **sílabas**. Leia em voz alta cada sílaba a seguir e depois junte todas as sílabas para formar palavras.

ba — ú
ba — bá

be — bi
be — bê

3. Leia e copie estas palavras:

baú baú
bebê bebê
boa boa
balão balão
boi boi
bebia bebia
bebi bebi
babá babá

4. Ligue a palavra ao desenho.

bebê

baleia

bota

bule

5. Escreva a sílaba inicial do nome de cada figura.

6. Leia e copie o nome das crianças.

Bia	Bernardo

Bruno	Bianca

Família do c:

ca	ca
co	co
cu	cu
Ca	Ca
Co	Co
Cu	Cu

7. Complete as palavras usando **b** e copie-as.

ca_elo
_oi
ca_ide
_ule
_ola
_ala

8. Escreva a sílaba inicial do nome de cada figura.

9. Leia e copie.

ca

co

cu

14. Complete as palavras com as sílabas da família do **c** e copie-as.

🧊 ____ bo

🕰️ ____ co

🔒 ____ deado

🥛 ____ po

🍐 ____ ju

15. Ligue as palavras aos desenhos.

caracol

cabide

casa

cola

16. Copie as frases, substituindo os desenhos pelos nomes correspondentes.

A água de 🥥 está deliciosa!

A 👕 do papai é azul.

O chocolate é feito com o 🫘.

17. Pinte apenas as sílabas da família do c.

escada   cabelo   abacate

comida   boca

Família do d:

da	da
de	de
di	di
do	do
du	du
Da	Da
De	De
Di	Di
Do	Do
Du	Du

18. Leia e copie.

da

de

di

do

du

19. Leia e copie estas palavras.

dado
dado

bode
bode

dedo
dedo

cabide
cabide

doce
doce

cadeado
cadeado

17

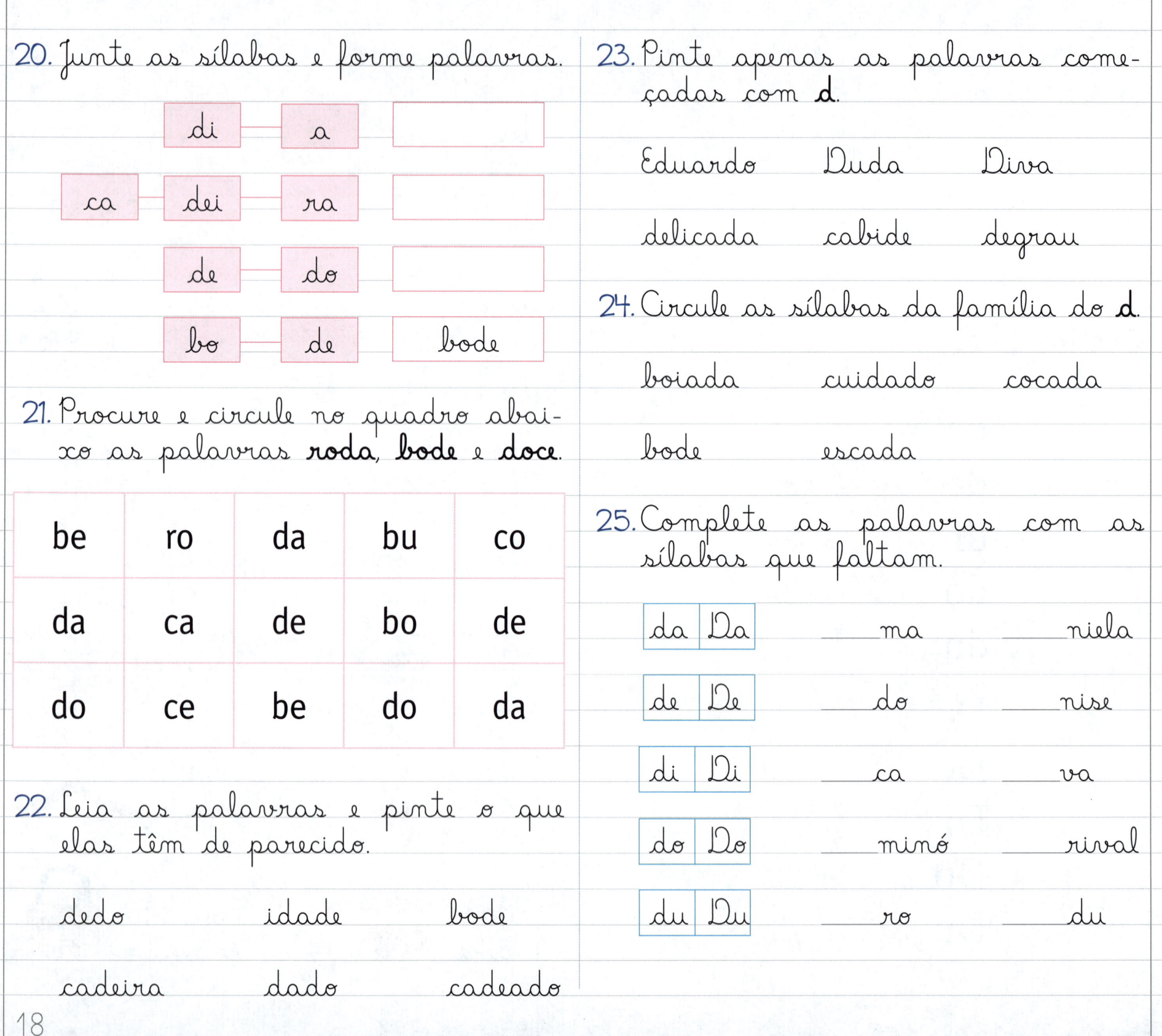

Bloco 4

CONTEÚDOS:
- Famílias silábicas:
- fa, fe, fi, fo, fu
- ga, go, gu
- ja, je, ji, jo, ju

Família do f:

fa	*fa*
fe	*fe*
fi	*fi*
fo	*fo*
fu	*fu*
Fa	*Fa*
Fe	*Fe*
Fi	*Fi*
Fo	*Fo*
Fu	*Fu*

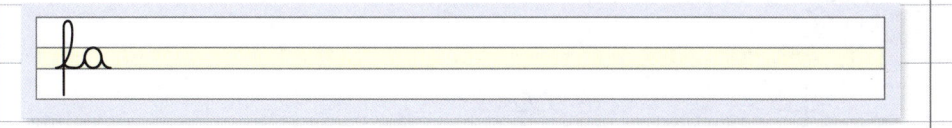

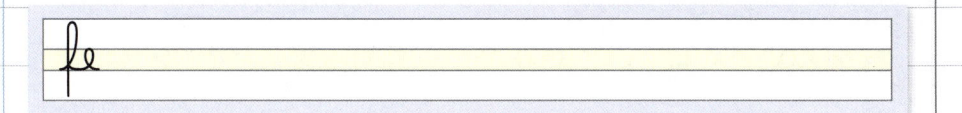

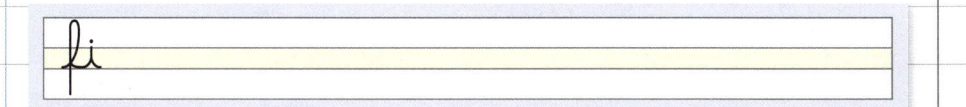

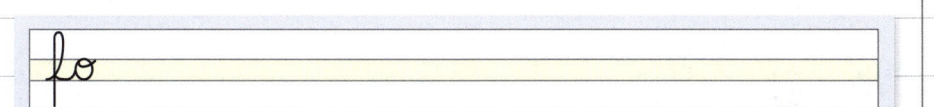

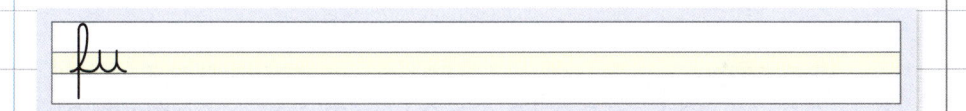

1. Leia e copie.

fa

fe

fi

fo

fu

2. Leia e copie estas palavras:

foca
foca

faca
faca

fio
fio

café
café

19

3. Forme palavras com as sílabas abaixo.

fo — ca →
fa — da →
fo — lha →
fo — go →
fa — ca →

4. Copie as palavras nas colunas corretas.

foca – bife – fubá – café – fábula – futuro	
2 sílabas	3 sílabas

5. Complete com fa, Fa, fe, Fe, fi, Fi, fo, Fo, fu, Fu.

___tebol   ___foca
___lomena   ___da
        ___lipe

6. Ligue as palavras aos desenhos. Depois, copie as palavras.

bife

foca

café

fio

fada

faca

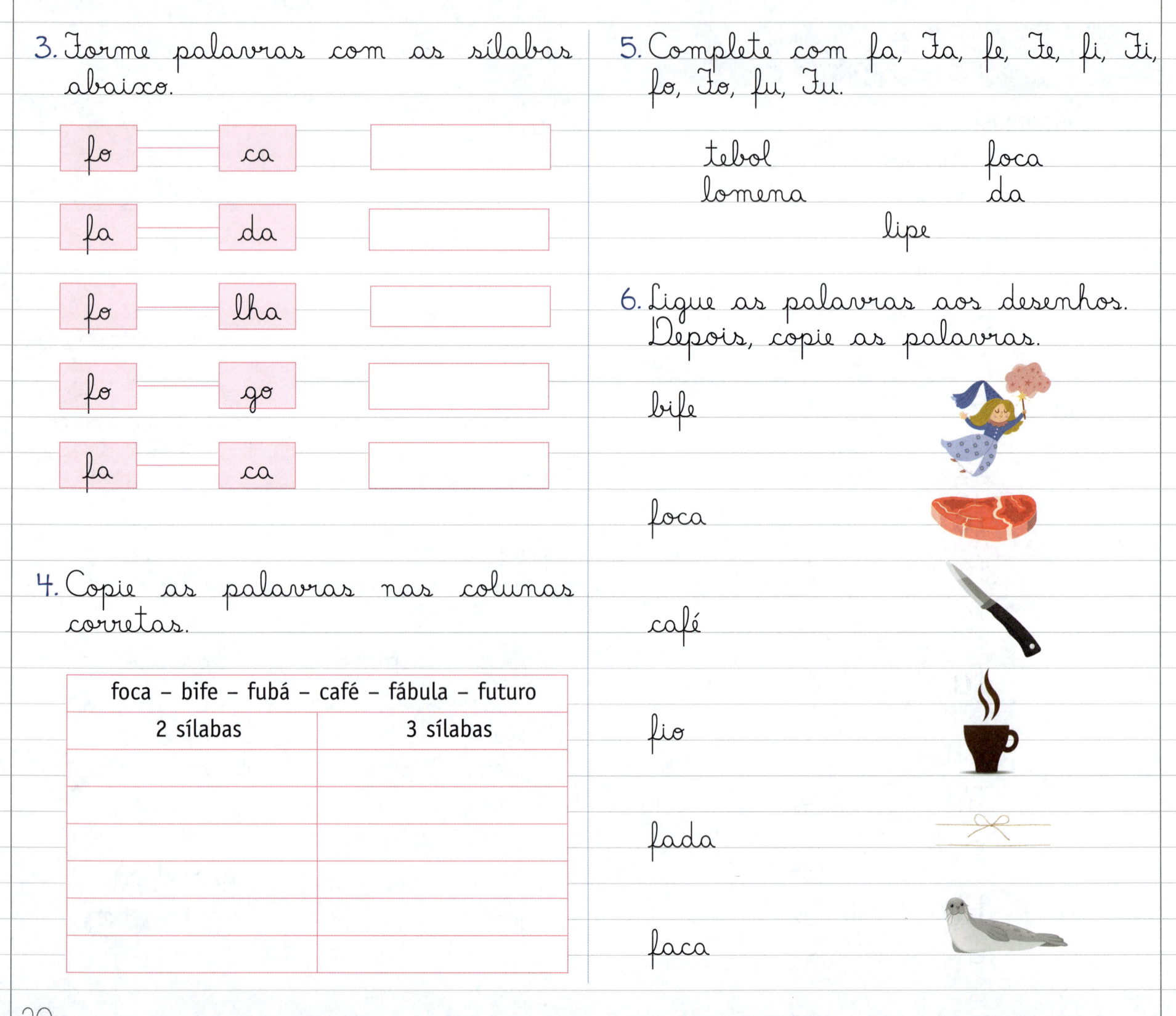

20

Família do g:

ga	ga
go	go
gu	gu
Ga	Ga
Go	Go
Gu	Gu

7. Leia e copie.

ga

go

gu

8. Leia e copie estas palavras:

goiaba   gata
goiaba   gata

garrafa   fogo
garrafa   fogo

galinha   garoto
galinha   garoto

9. Junte as sílabas e forme palavras.

fi - go   fo - gão

la - go - a   fi - ga

ga - do   fo - go

21

10. Substitua os números e forme palavras.

1 = fi	2 = go	3 = fu	4 = ga
5 = fo	6 = gão	7 = do	

1 + 2 =
5 + 6 =
3 + 4 =
1 + 4 =
5 + 2 =
4 + 7 =

11. Ligue as palavras aos seus desenhos. Depois, copie as palavras.

goiaba

fogo

figo

bigode

12. Copie as palavras nas linhas corretas.

gola – fuga – goiabada
gago – gato – agulha

ga	
go	
gu	

13. Copie as palavras nas colunas corretas.

fogo - agudo - fígado
afogado - gado - goiaba
goiabada - lago - alugado

2 sílabas   3 sílabas   4 sílabas

14. Contorne, em cada grupo de palavras, a sílaba igual à que está em negrito.

ga digo   gago   goiabada   galo

go gola   gago   gato   afogado

gu agulha   gude   fígado   bigode

Família do j:

ja	ja
je	je
ji	ji
jo	jo
ju	ju
Ja	Ja
Je	Je
Ji	Ji
Jo	Jo
Ju	Ju

15. Leia e copie.

ja

je

ji

jo

ju

16. Leia e copie estas palavras.

jabuti
jabuti

beijo
beijo

caju
caju

Juca
Juca

jiboia
jiboia

joia
joia

17. Junte as sílabas e forme palavras.

ja — ca
ja — cá

jo — ia
jo — go

ju — juba
ju — dô

Ju — ca
Ju — ju

18. Complete as palavras com as sílabas que faltam. Depois, copie-as.

buti

pe

caré

ca

19. Pinte as palavras que começam com a letra *j* e depois copie-as.

jaleco	feira	jiboia	morador	fada
fofoca	jujuba	feijão	joalheira	justiça
janeiro	mentira	jiló	famoso	muralha
mamífero	jeito	fígado	jogo	juventude
jardineiro	milho	juazeiro	menino	família

20. Pinte apenas os nomes começados com J.

| Juliana | João | Ângela |
| André | Moacir | Jéssica |

21. Copie apenas as palavras começadas com j.

jejum - asa - jabuti - bebê - cubo
dedo - janela - foca - jujuba

22. Pinte, nas palavras, apenas as sílabas da família do j.

Juliana   Joel

jiboia   caju

jogo   beijo

23. Complete as palavras com **ja**, **je**, **ji**, **jo**, **ju**. Depois, copie as palavras:

ca____

____bei

____boia

____ia

____ca

____cá

25

Bloco 5

CONTEÚDOS:
- Famílias silábicas:
- – la, le, li, lo, lu
- – ma, me, mi, mo, mu
- – na, ne, ni, no, nu

Família do l:

la	la
le	le
li	li
lo	lo
lu	lu
La	La
Le	Le
Li	Li
Lo	Lo
Lu	Lu

1. Leia e copie.

la

le

li

lo

lu

2. Leia e copie estas palavras:

lua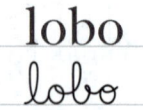
lua

lobo
lobo

bolo
bolo

bola
bola

7. Leia as palavras e pinte as sílabas que se repetem.

cola   aula   bola
fala   bala   calada

8. Escreva os nomes dos desenhos.

Família do m:

ma	ma
me	me
mi	mi
mo	mo
mu	mu
Ma	Ma
Me	Me
Mi	Mi
Mo	Mo
Mu	Mu

9. Leia e copie.

ma

me

mi

mo

mu

10. Leia e copie estas palavras:

macaco mola
macaco mola

cama meia
cama meia

mala mamão
mala mamão

11. Ligue e forme palavras.

ma — mão / ca / la

me — do / lão / la

mi — a / ado / mo

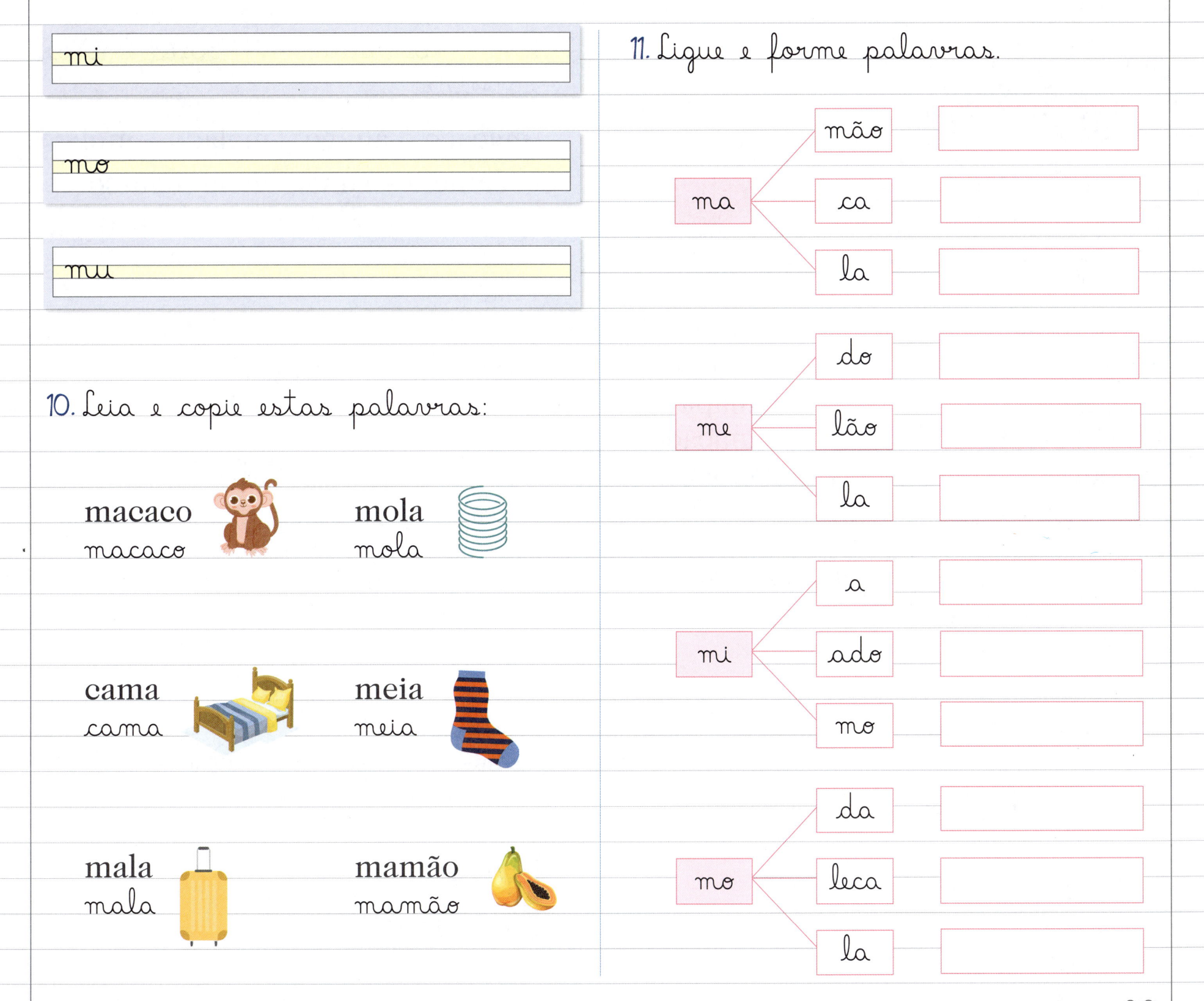

mo — da / leca / la

mu — da / do / la

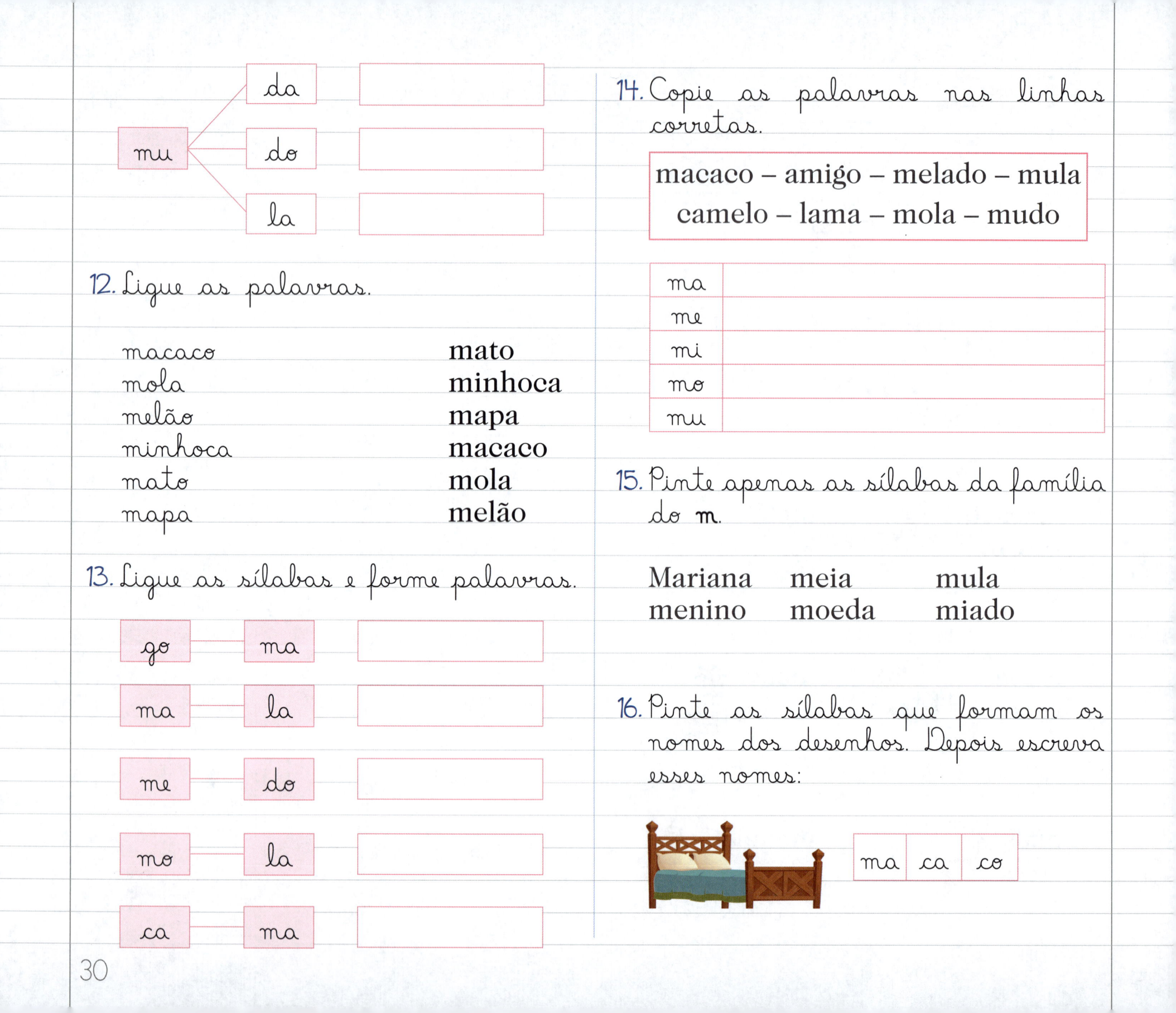

12. Ligue as palavras.

macaco   mato
mola   minhoca
melão   mapa
minhoca   macaco
mato   mola
mapa   melão

13. Ligue as sílabas e forme palavras.

go — ma
ma — la
me — do
mo — la
ca — ma

14. Copie as palavras nas linhas corretas.

macaco – amigo – melado – mula
camelo – lama – mola – mudo

ma	
me	
mi	
mo	
mu	

15. Pinte apenas as sílabas da família do m.

Mariana   meia   mula
menino   moeda   miado

16. Pinte as sílabas que formam os nomes dos desenhos. Depois escreva esses nomes:

ma | ca | co

boné
boné

nove
nove

ca___a

bo___

Mônica
Mônica

caneca
caneca

bo___ca

___vio

19. Complete as palavras com **na**, **ne**, **ni**, **no**, **nu**. Depois, copie-as.

bana___

ca___

___vem

ca___do

20. Escreva as palavras nos lugares corretos.

Nina - nove - navio - nabo
nuca - ninho - novelo - nuvem
nenê - neve

na	ne	ni	no	nu

21. Circule as sílabas da família do n.

boneca   menina   canudo

boné   janela   nuvem

banana   limonada   novelo

22. Marque um **X** nos desenhos cujo nome começa com a letra n.

23. Leia as palavras e pinte as sílabas que elas têm em comum.

boneca   janela
cone   caneca

24. Pinte, nas palavras, as sílabas da família do n.

canudo   fino   Nara
Nina   nabo   Nadir
fone   nome

25. Ilustre as palavras.

| Janela | Banana |
| Canoa | Panela |

Bloco 6

CONTEÚDOS:
- Famílias silábicas:
  - pa, pe, pi, po, pu
  - ra, re, ri, ro, ru
  - sa, se, si, so, su

Família do p:

pa	pa
pe	pe
pi	pi
po	po
pu	pu
Pa	Pa
Pe	Pe
Pi	Pi
Po	Po
Pu	Pu

1. Leia e copie.

pa

pe

pi

po

pu

2. Leia e copie estas palavras:

pipoca
pipoca

peteca
peteca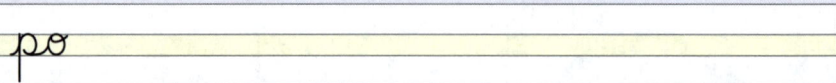

pé
pé

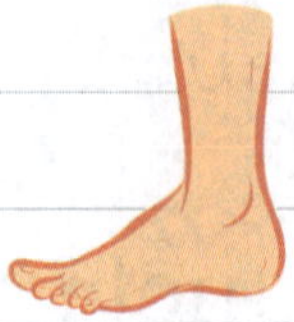

panela
panela

3. Ordene as sílabas e forme palavras.

a) no – pi

b) pa – ca

c) da – ma – po

d) ga – pe – da

e) da – me – la

4. Encontre no diagrama as palavras abaixo.

pato – papo – pipoca
panela – pipa

p	a	t	o	d	z	j	l
q	c	p	i	p	o	c	a
w	r	y	z	a	b	a	y
e	p	i	l	n	a	m	p
n	i	p	v	e	i	p	a
b	x	u	h	l	k	o	p
a	c	r	u	a	o	l	o
p	i	p	a	j	n	a	m

5. Ligue a palavra ao desenho correspondente.

   pião

   pia

   pipa

   pena

   panela

6. Leia as palavras e pinte as sílabas da família do **p**.

piada   pipa   pipoca
pia   picada   pino

35

7. Ilustre as palavras.

Copo	Pena

Mapa	Pipoca

Família do r:

ra	ra
re	re
ri	ri
ro	ro
ru	ru
Ra	Ra
Re	Re
Ri	Ri
Ro	Ro
Ru	Ru

8. Leia e copie.

ra

re

ri

ro

ru

9. Leia e copie estas palavras:

rádio rádio
robô   robô

roda   roda
rede   rede

rato   rato
rosa   rosa

10. Complete as palavras com **re**, **ri**, **ro**, **ru**. Depois, copie-as.

☐ da ☐

☐ mo ☐

☐ de ☐

☐ do ☐

☐ o ☐

☐ a ☐

11. Pinte os quadrados com as sílabas que formam as palavras. Depois, copie as palavras.

recado | ro | re | do | ca |

roda | ro | do | da |

remo | ma | re | mo |

12. Junte as sílabas e forme palavras:

a — ra
a — ra — me
bu — co

37

```
pe       ca
u  — ru — bu
ca       ru


ca       ca
va — re — ta
ca       ta


fa       fa
ga — ro — ta
pé       la
```

Família do s:

sa	*sa*	Sa	*Sa*
se	*se*	Se	*Se*
si	*si*	Si	*Si*
so	*so*	So	*So*
su	*su*	Su	*Su*

13. Leia e copie.

sa

se

si

so

su

14. Leia e copie estas palavras:

sapo / *sapo*

sino / *sino*

selo / *selo*

sacola / *sacola*

suco / *suco*

sofá / *sofá*

15. Numere os desenhos de acordo com as palavras.

1	sapato	4	sofá
2	sino	5	sacola
3	sapo	6	sopa

16. Escreva o nome das figuras de acordo com a numeração.

1		5	
2		6	
3		7	
4		8	

Bloco 7

CONTEÚDOS:
- Famílias silábicas:
  - ta, te, ti, to, tu
  - va, ve, vi, vo, vu

Família do t:

ta	ta
te	te
ti	ti
to	to
tu	tu
Ta	Ta
Te	Te
Ti	Ti
To	To
Tu	Tu

1. Leia e copie.

ta

te

ti

to

tu

2. Leia e copie estas palavras.

tatu
tatu

tucano
tucano

sabonete
sabonete

apito
apito

telefone bota
telefone bota

3. Leia as palavras. De acordo com a primeira sílaba, escreva as palavras lidas no quadro.

tatu - teto - tijolo
tomate - tucano

ta	tatu
te	
ti	
to	
tu	

4. Complete as palavras com **ta, te, ti, to, tu**. Depois, copie-as.

ba___pete
___ca
bo___
se___
___jolo
___cano

5. Pinte as palavras que começam com a mesma sílaba da palavra em destaque.

tomate		
toca	tigela	tucano

tucano		
Túlio	tapete	tomate

telefone		
tatu	teto	tijolo

6. Circule as sílabas da família do **t**.

tapete   sabonete

tomate   bota

batata   abacate

41

7. Ligue as figuras aos seus nomes:

bota

tomate

jabuti

tijolo

abacate

Va	Va
Ve	Ve
Vi	Vi
Vo	Vo
Vu	Vu

8. Leia e copie.

va

ve

vi

vo

vu

Família do v:

va	va
ve	ve
vi	vi
vo	vo
vu	vu

9. Leia e copie estas palavras.

avó — avó

vaca — vaca

uvas — uvas

vela — vela

novelo — novelo

violão — violão

10. Encontre no diagrama palavras começadas com **va**, **ve**, **vi**, **vo**, **vu**. Depois, escreva-as nos espaços a seguir.

V	I	O	L	I	N	O
A	C	V	O	V	Ô	G
R	O	J	V	N	D	C
A	V	E	L	U	D	O
R	V	U	L	C	Ã	O

11. Junte as sílabas e descubra as palavras.

va / ca

vi / la

va / ra

lu / va

ve / la

43

12. Observe as figuras e complete as palavras com **va, ve, vi, vo, vu**.

_____ca

no_____lo

fi_____la

13. Complete as frases com as palavras do quadro.

> voava - violeta - vaso - violão

O pássaro _____ no céu.

O _____ está sem água.

A _____ está no vaso.

O _____ está afinado.

14. Copie as palavras do quadro nas colunas corretas.

> valeta - fivela - Viviane - ovo
> cavalo - Valéria - vulcão - veludo
> avião - Vitor

va			
ve			
vi			
vo			
vu			

Bloco 8

CONTEÚDOS:
- Famílias silábicas:
  – xa, xe, xi, xo, xu
  – za, ze, zi, zo, zu

Família do x:

xa	*xa*
xe	*xe*
xi	*xi*
xo	*xo*
xu	*xu*
Xa	*Xa*
Xe	*Xe*
Xi	*Xi*
Xo	*Xo*
Xu	*Xu*

1. Leia e copie.

xa

xe

xi

xo

xu

2. Leia e copie estas palavras:

xale
xale

peixe
peixe

caixa
caixa

lixo
lixo

45

xícara   abacaxi
xícara   abacaxi

Agora, copie-as.

3. Complete as palavras com xa, xe, xi, xo.

[uva] ☐ xe

li ☐ xo

be ☐ ga

pei ☐ xe

☐ xa rope

☐ xe rife

cai ☐ xa

4. Complete as frases com as palavras do quadro.

| peixe – xícara – lixo – xarope |

O homem tomou _____.
O _____ foi reciclado.
A _____ é de porcelana.
O _____ é saboroso.

5. Forme frases com as palavras.

mexeu

caixa

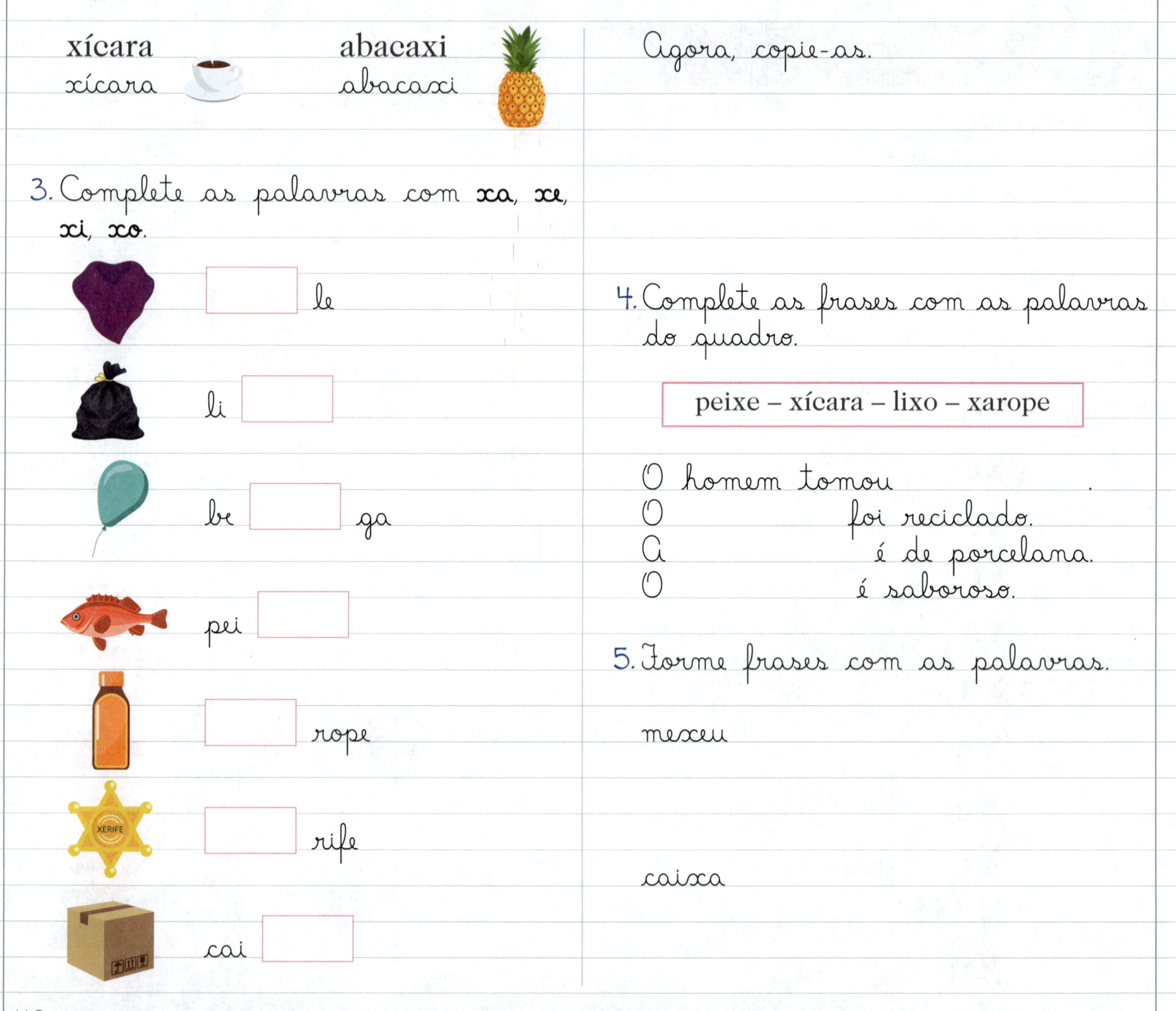

46

abacaxi

faxina

Família do z:

za	za
ze	ze
zi	zi
zo	zo
zu	zu
Za	Za
Ze	Ze
Zi	Zi
Zo	Zo
Zu	Zu

6. Complete as palavras com xa, xe, xi, xo, xu.

abaca___
cai___te
amei___
___reta

7. Escreva os nomes das figuras de acordo com a numeração.

1)
2)
3)
4)
5)
6)
7)

8. Leia e copie.

za

ze

zi

47

zo

zu

geleia   azeite

doze   canela

zebra   zona

9. Leia e copie estas palavras:

Zélia / Zélia

azeitona / azeitona

zebu / zebu

azulejo / azulejo

buzina / buzina

xerife / xerife

10. Pinte as palavras com za, ze, zi, zo, zu. Depois copie as palavras no espaço a seguir.

limonada   batizado

azulado   buzina

11. Complete as palavras com as sílabas que faltam. Depois, numere-as de acordo com o quadro.

1	buzina		3	azulado
2	beleza		4	azedo

bu ___ na ☐

a ___ do ☐

bele ___ ☐

a ___ lado ☐

12. Forme frases com as palavras.

azeitona

doze

limpeza

azul

13. Complete as frases com as palavras do quadro.

azedo - vazio - azeite

O limão é _____.

O menino gosta de _____ na salada.

O copo está _____.

Bloco 9

CONTEÚDO:
- As letras k, w, y

K	Karina	Érika	Erik
	ketchup	kart	kit

W	Wilson	Walter	Wanda
	Weber	website	William

Y	Yeda	Yara	Yvone
	yakisoba	Yuri	Cyntia

1. Vamos treinar?

K

k

W

w

Y

y

2. Circule os nomes iniciados por K, W e Y.

Walter

Valmir

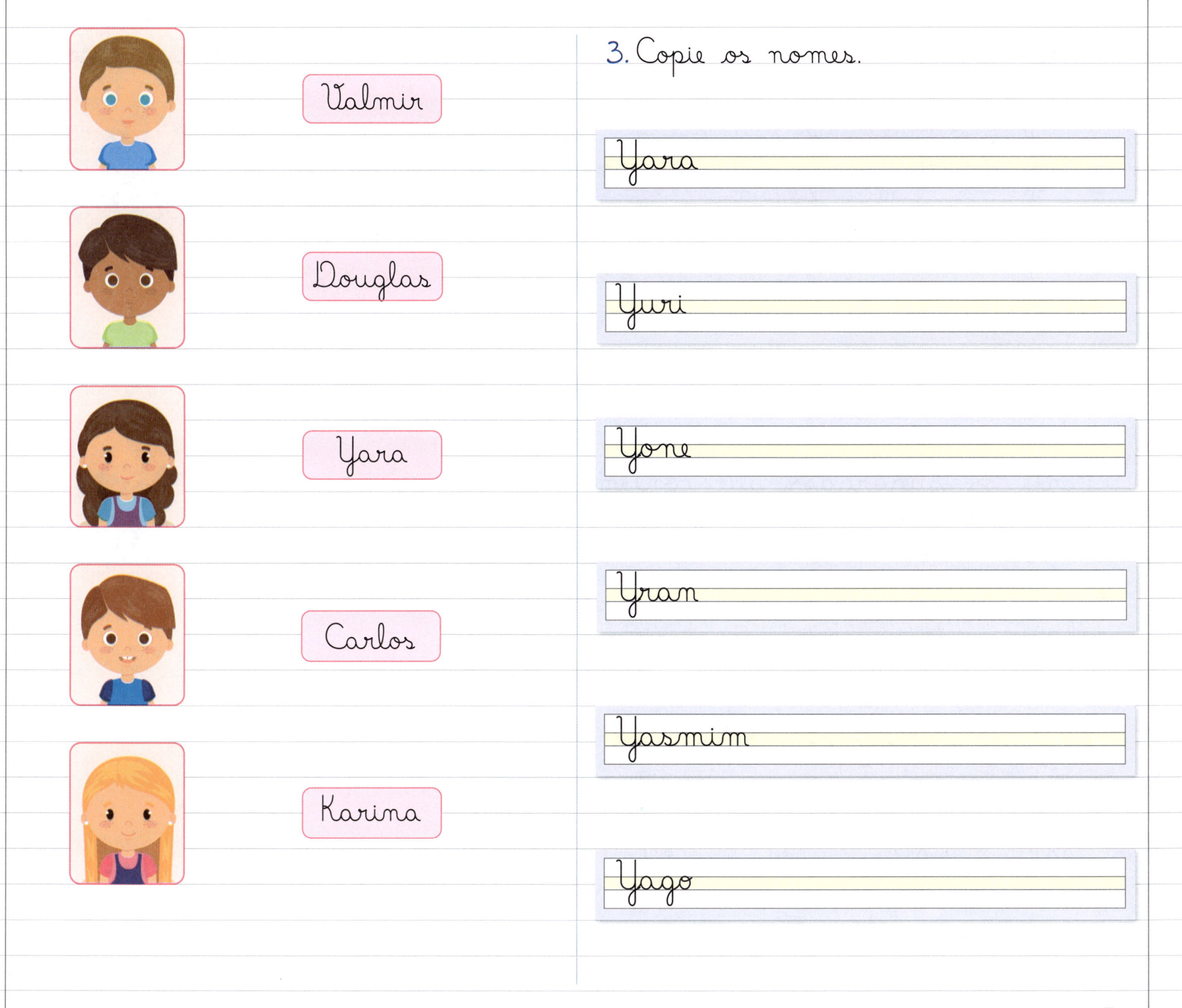

Douglas

Yara

Carlos

Karina

3. Copie os nomes.

Yara

Yuri

Yone

Yran

Yasmim

Yago

4. Circule a letra **w** no diagrama.

w	o	e	w	a
w	i	w	f	x
g	w	n	i	w
w	i	a	w	x
b	w	e	a	w

6. Pesquise e escreva palavras com:

K

5. Pinte os quadrados que contêm palavras escritas com a letra **k**.

| boca | kiwi | Karina | coração |

| ketchup | Kátia | karaokê | cometa |

| kart | Caio | cor | kit |

w

y

7. Encontre as palavras abaixo no diagrama de sílabas. Pinte cada palavra de uma cor diferente.

wi-fi - kombi - karaokê - yakisoba
web - wafer - Yolanda

WI	FI	BA	WA	FER	JA
ZU	MA	PU	CA	DO	LI
BO	WEB	ME	LHA	VIN	PU
PA	TA	KA	RA	FI	CHA
ZO	KA	RA	O	KÊ	GU
BO	CHA	GE	YO	LAN	DA
LHE	RI	LE	LHI	FU	CHO
YA	KI	SO	BA	VI	NHO
PI	LHER	NHA	NA	KOM	BI

8. Ligue os desenhos às palavras.

kombi

yakisoba

kart

9. Escreva quantas sílabas tem cada nome e, depois, agrupe-as de acordo com o quadro.

Wilson: ___ sílabas.
Wagner: ___ sílabas.
Wanda: ___ sílabas.
Wilma: ___ sílabas.
Walter: ___ sílabas.
Waldelice: ___ sílabas

Nomes masculinos	Nomes femininos

10. Leia o poema a seguir em voz alta e circule as palavras que têm as letras **w**, **k** e **y**.

Estas letras gostam mais
de ficar com muita gente,
pra deixar o nome delas
com um jeito diferente.

Vem no início de Karin,
do Wilson e da Yasmim.
Mas no Frank, ao contrário,
A letrinha vem no fim.

53

Bloco 10

CONTEÚDO:
- Família silábica:
  – ha, he, hi, ho, hu

Família do h:

ha	ha
he	he
hi	hi
ho	ho
hu	hu
Ha	Ha
He	He
Hi	Hi
Ho	Ho
Hu	Hu

1. Leia e copie.

ha

he

hi

ho

hu

2. Leia e copie estas palavras:

homem
homem

hélice
hélice

harpa
harpa

horta
horta

hipopótamo
hipopótamo

3. Complete as palavras com **he**, **hi**, **ho**. Depois, copie-as.

[ ] lice

[ ] tel

[ ] mem

[ ] popótamo

[ ] lofote

[ ] rta

4. Desembaralhe as sílabas e forme palavras.

| zon | hos | no | te | tal |

| hu | ri | pi | ma | ho |

5. Escreva as palavras em letras cursivas.

horário

hábito

hortelã

herói

homem

hotel

6. Escreva as palavras em letra de imprensa.

hora
humanidade
história
hóspede
hiena
Helena

7. Pinte as sílabas de acordo com a legenda.
ha = amarelo
he = azul
hi = verde
ho = vermelho
hu = cor-de-rosa

ha	hi	ha	ha	hu
hu	ho	hi	hi	ho
ho	he	hu	he	he
he	ha	ho	hu	hi
hi	ho	hi	hu	ha

8. Ligue a sílaba inicial a palavra e, depois, complete.

☐ ena   ha
☐ spital   he
☐ licóptero   hi
☐ arpa   ho
☐ mano   hu

9. Escreva as palavras a seguir.

hiena

hospital

helicóptero

harpa

humano

Bloco 11

CONTEÚDOS:
- Dificuldades linguísticas:
- – Palavras com ce, ci
- – Palavras com ça, ço, çu

Palavras com ce, ci:

ce	ce
ci	ci
Ce	Ce
Ci	Ci

1. Leia as palavras e circule as sílabas *ce* e *ci*.

macio   cedo
céu   face
coice   doce

2. Leia e copie.

ce

ci

Ce

Ci

3. Leia e copie estas palavras:

cidade
cidade

foice
foice

Celina
Celina

bacia
bacia

doce
doce

cebola
cebola

57

4. Ligue e forme palavras.

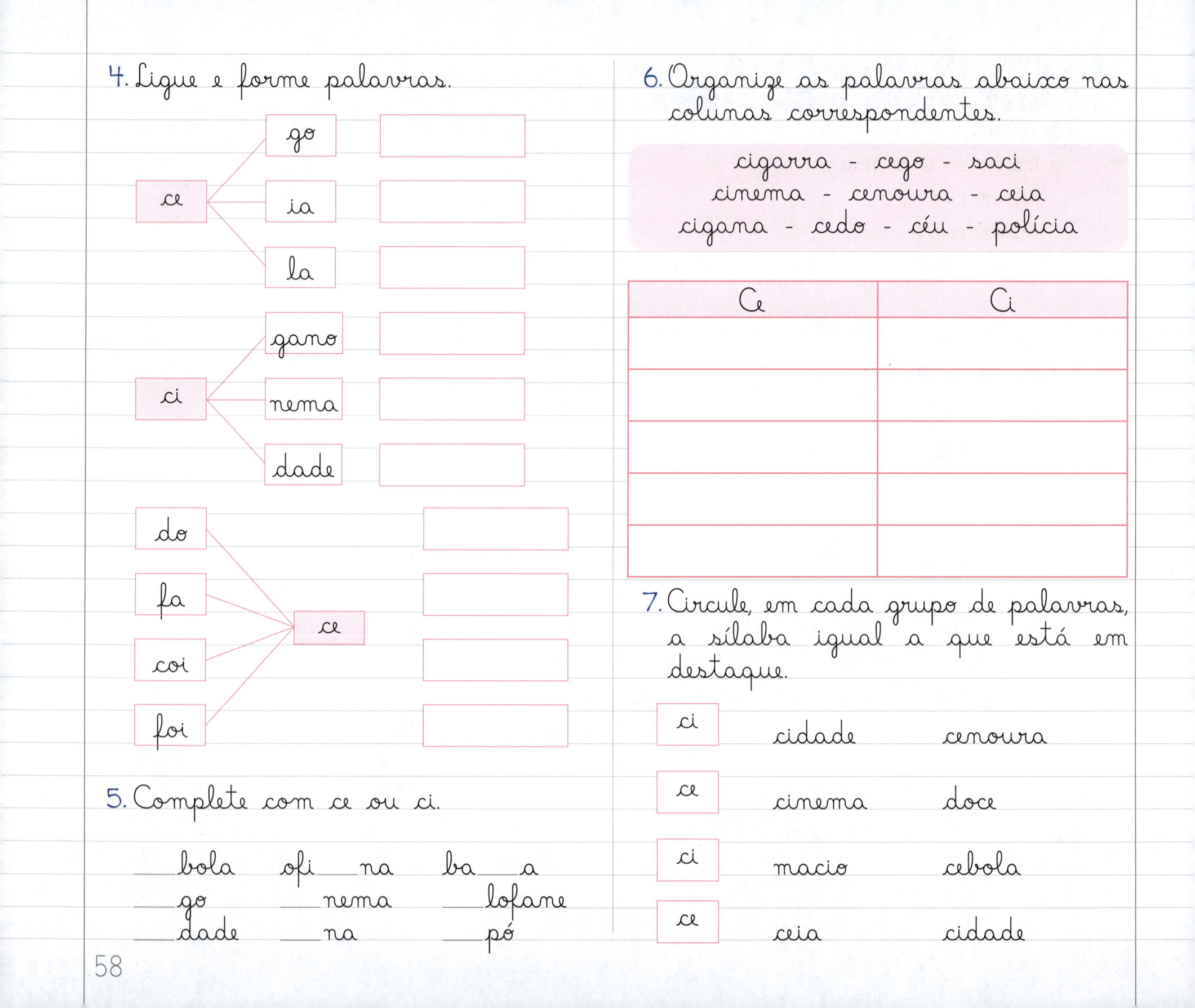

ce → go
ce → ia
ce → la

ci → gano
ci → nema
ci → dade

do → ce
fa → ce
coi → ce
foi → ce

5. Complete com ce ou ci.

___bola   ofi___na   ba___a
___go   ___nema   ___lofane
___dade   ___na   ___pó

6. Organize as palavras abaixo nas colunas correspondentes.

cigarra - cego - saci
cinema - cenoura - ceia
cigana - cedo - céu - polícia

Ce	Ci

7. Circule, em cada grupo de palavras, a sílaba igual a que está em destaque.

ci   cidade   cenoura
ce   cinema   doce
ci   macio   cebola
ce   ceia   cidade

8. Complete com **ce** ou **ci**. Depois, leia-as e copie-as.

___dade
ofi___na
___do
___nema
___go
do___

9. Circule o **ce** e o **ci** destas palavras:

cipó   cinema
cebola   saci
macio   cego
oficina   doce
cedo   bacia
céu   cereja
face   coice

Quantos **ce**? ☐   Quantos **ci**? ☐

10. Encaixe na cruzadinha as palavras do quadro e descubra a palavra-chave.

1. cebola   5. Cecília
2. tecido   6. doce
3. cem   7. cacique
4. Aparecida   8. bacia

11. Escreva a palavra-chave da cruzadinha.

59

Palavras com ça, ço, çu:

ça   ça
ço   ço
çu   çu

12. Leia as palavras em voz alta e circule as sílabas **ça, ço, çu**.

taça   raça
cabeça   caçula
moço   pedaço
açude   fumaça
laço   aço
açúcar   louça
poço   bagaço
caroço   carroça

13. Complete com **ça, ço** ou **çu**.

ta____   cabe____
mo____   a____de
la____   a____car
po____   caro____

14. Leia e copie.

ça

ço

çu

15. Complete as palavras com **ça, ço, çu**.

a ▢ carado

ma ▢ neta

cadar ▢

16. Assinale a palavra correspondente à figura. Depois, copie essa palavra embaixo da figura.

( ) laço
( ) roça
( ) poço

( ) fumaça
( ) carroça
( ) onça

( ) pedaço
( ) açude
( ) poço

( ) açucareiro
( ) coração
( ) melaço

17. Forme frases com as palavras abaixo.

1. roça

2. espaço

3. cabeça

4. laço

5. pedaço

18. Complete as palavras com as sílabas que estão faltando.

ça - ci - ce - ça - ço - çú - ção

va ▭ na   cal ▭

a ▭ car   bi ▭ cleta

caro ▭   len ▭ l

capa ▭ te   la ▭

palha ▭   ▭ bola

cora ▭   bên ▭

19. Escreva nos quadros as palavras de acordo com o número de sílabas.

laço - cabeça - taça
esboço - raça - bagaço

Duas sílabas	Três sílabas

20. Escreva as palavras a seguir.

poço

palhaço

direção

onça

linguiça

dança

21. Ligue as palavras aos desenhos.

onça

caroço

calçado

fumaça

cabeça

Bloco 12

CONTEÚDOS:
- Dificuldades linguísticas:
- Palavras com qua, quo
- Palavras com que, qui

Palavras com qua, quo:

qua qua
quo quo
Qua Qua
Quo Quo

1. Leia as palavras e circule as sílabas **qua** e **quo**.

quadriculado — adequado
qualidade — quadril
aquarela — qualificado
quotidiano — quarenta
aquático — qualificar
quarteirão — quadrangular
quadrante — esquadra

2. Copie as palavras nos quadros correspondentes.

quota - quão - quati - qualquer
quanto - quando - quartel
quadra - quarteirão - aquário
enquanto - quadro - quantidade
quantia - quociente - oblíquo

qua	quo

3. Leia e copie.

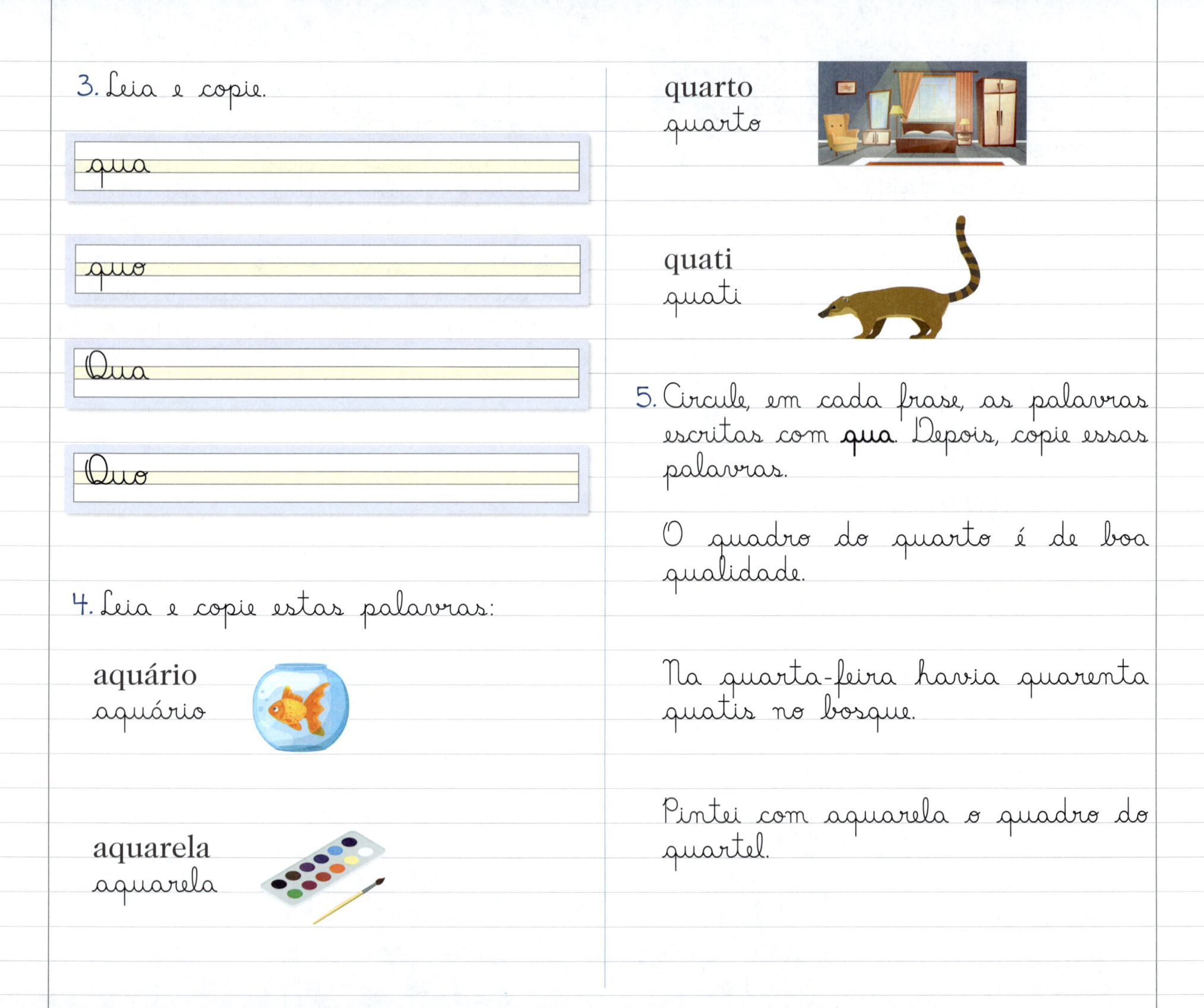

qua

quo

Qua

Quo

4. Leia e copie estas palavras:

aquário
aquário

aquarela
aquarela

quarto
quarto

quati
quati

5. Circule, em cada frase, as palavras escritas com **qua**. Depois, copie essas palavras.

O quadro do quarto é de boa qualidade.

Na quarta-feira havia quarenta quatis no bosque.

Pintei com aquarela o quadro do quartel.

6. Circule as sílabas qua e quo destas palavras:

aquarela   quadra

quadriculado   quadro

quarenta   quota

Palavras com que, qui:

que   que
qui   qui
Que   Que
Qui   Qui

7. Leia as palavras e circule as sílabas **que** e **qui**.

queijo   moleque
quilo   aqui
quero   aquele
coqueiro   periquito
leque   quieto
queixo   aquilo
quiabo   aquela

8. Leia e copie.

que

qui

Que

Qui

9. Leia e copie estas palavras:

leque leque   máquina máquina

queijo queijo   caqui caqui

quiabo quiabo   queixo queixo

65

coqueiro   tanque
coqueiro   tanque

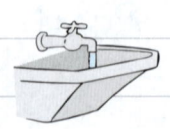

10. Complete as frases com o nome dos desenhos.

a) Você quer um pedaço de _____ ?

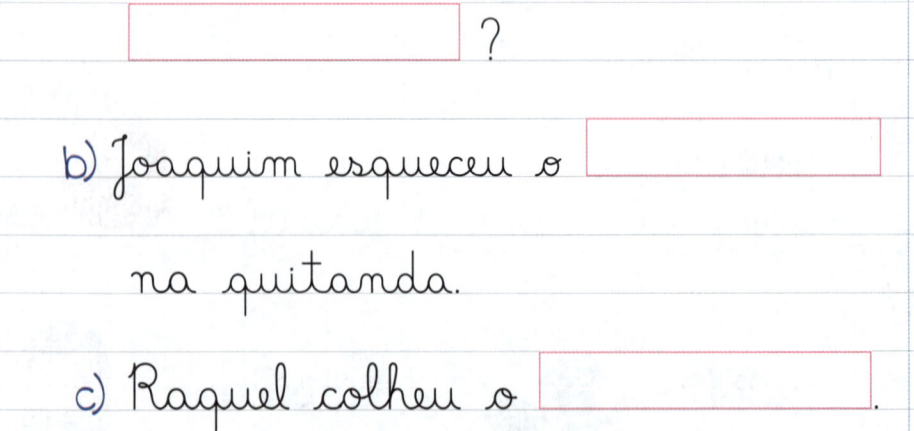

b) Joaquim esqueceu o _____ na quitanda.

c) Raquel colheu o _____ .

d) Dona Quitéria comprou uma _____ de costura.

11. Ligue a palavra ao desenho.

vaquinha

esquilo

raquete

brinquedo

12. Escreva palavras iniciadas com **que** e **qui**.

Bloco 13

CONTEÚDOS:
- Dificuldades linguísticas:
- – Palavras com ge, gi
- – Palavras com gue, gui

Palavras com ge, gi:

ge	ge
gi	gi
Ge	Ge
Gi	Gi

1. Leia as palavras e circule as sílabas **ge** e **gi**.

gema	girafa	gingado
gênio	gemada	gelado
geladeira	mágico	colégio
gelatina	relógio	gelo
geada	gêmeo	gira-gira
gel	geleia	rugido
ginástica	gerente	tigela

2. Leia e copie.

ge

gi

Ge

Gi

3. Leia e copie estas palavras:

gelo
gelo

relógio
relógio

geladeira
geladeira

girafa
girafa

tigela
tigela

gibi
gibi

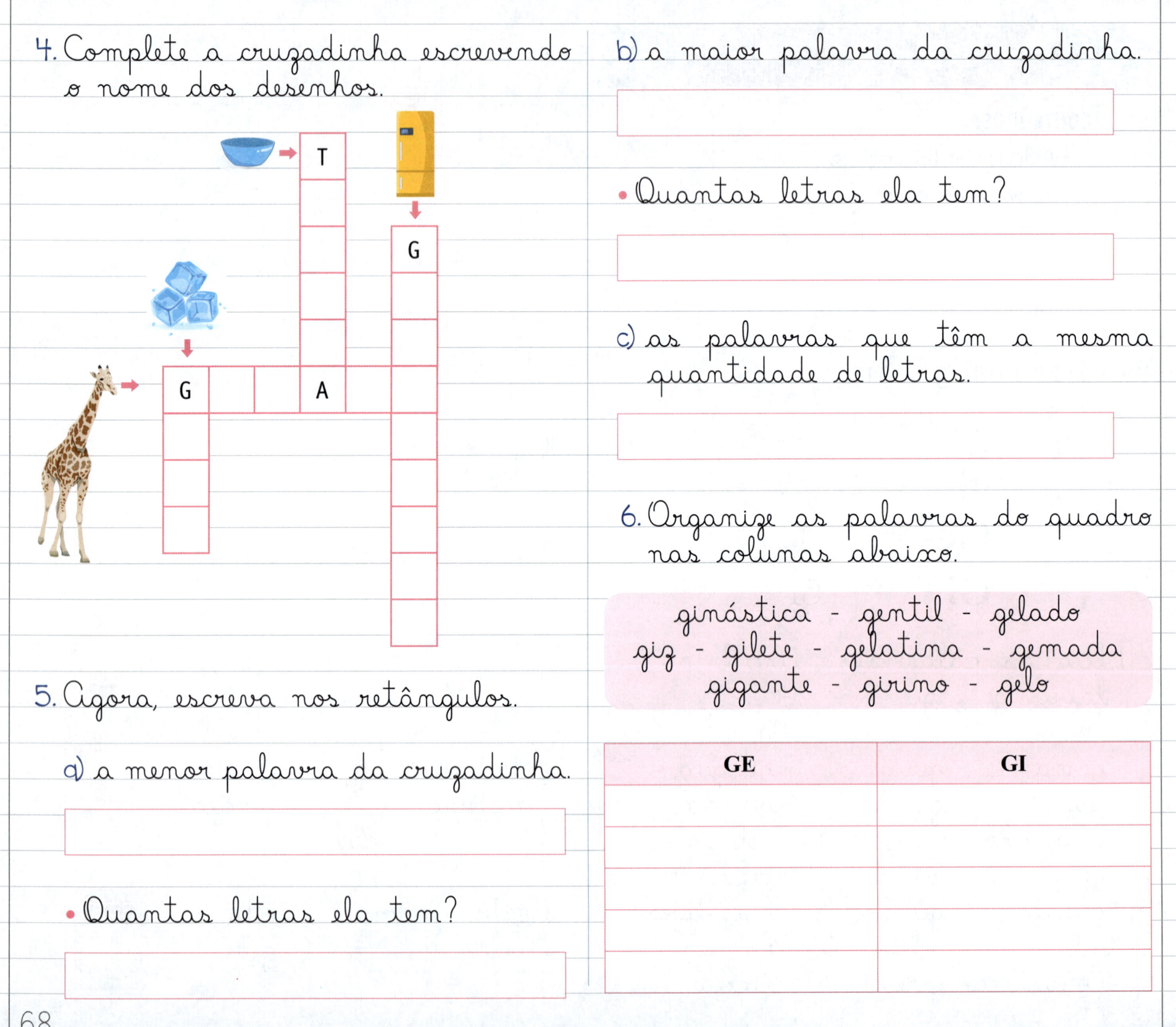

4. Complete a cruzadinha escrevendo o nome dos desenhos.

5. Agora, escreva nos retângulos.

a) a menor palavra da cruzadinha.

• Quantas letras ela tem?

b) a maior palavra da cruzadinha.

• Quantas letras ela tem?

c) as palavras que têm a mesma quantidade de letras.

6. Organize as palavras do quadro nas colunas abaixo.

> ginástica - gentil - gelado
> giz - gilete - gelatina - gemada
> gigante - girino - gelo

GE	GI

Palavras com gue, gui:

gue	gue
gui	gui
Gue	Gue
Gui	Gui

Gue

Gui

7. Leia as palavras e circule as sílabas **gue** e **gui**.

foguete   caranguejo
guia   guerra
guitarra   águia
fogueira   pessegueiro
mangueira   amiguinho
goiaba   laguinho

8. Leia e copie.

gue

gui

9. Leia e copie estas palavras:

caranguejo
caranguejo

guitarra
guitarra

fogueira
fogueira

Miguel
Miguel

águia
águia

foguete
foguete

69

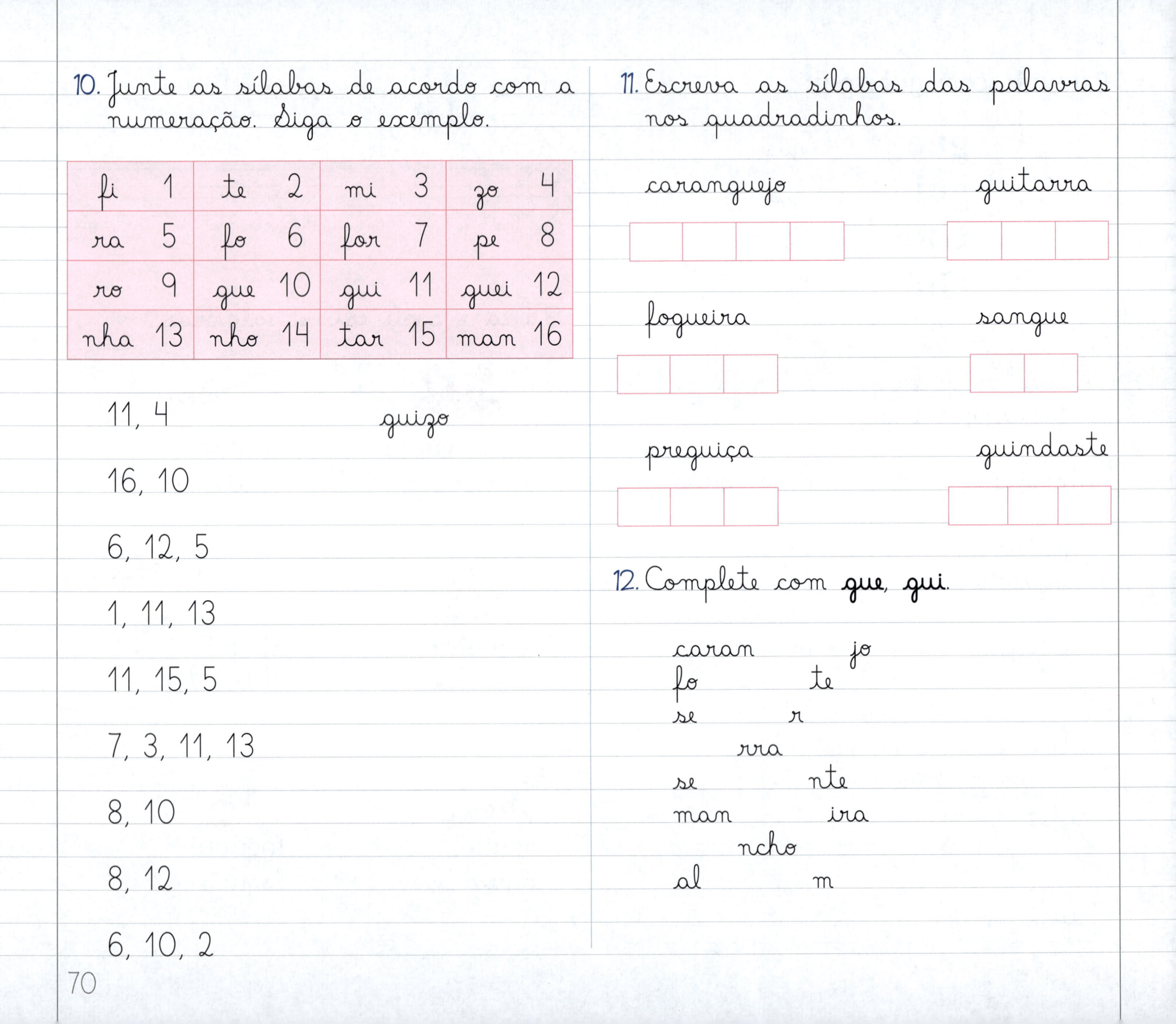

10. Junte as sílabas de acordo com a numeração. Siga o exemplo.

fi	1	te	2	mi	3	zo	4
ra	5	fo	6	for	7	pe	8
ro	9	que	10	gui	11	quei	12
nha	13	nho	14	tar	15	man	16

11, 4   guizo

16, 10

6, 12, 5

1, 11, 13

11, 15, 5

7, 3, 11, 13

8, 10

8, 12

6, 10, 2

11. Escreva as sílabas das palavras nos quadradinhos.

caranguejo   guitarra

fogueira   sangue

preguiça   guindaste

12. Complete com **que, gui**.

caran___jo
fo___te
se___r
___rra
se___nte
man___ira
___ncho
al___   ___m

Bloco 14

CONTEÚDO:
- Dificuldades linguísticas:
- Palavras com gua, guo

Palavras com gua, guo:

gua	gua
guo	guo
Gua	Gua
Guo	Guo

1. Leia as palavras e circule as sílabas **gua** e **guo**.

guache régua
guaraná linguagem
aguar aguado
língua linguado

2. Leia e copie.

gua

quo

Gua

Guo

3. Junte as sílabas de acordo com a numeração e forme palavras.

gua	1	da	2	en	3	e	4
che	5	xa	6	ra	7	lin	8
a	9	re	10	guar	11	na	12
guo	13	gem	14	po	15	ga	16

10, 1
1, 7, 12
4, 1
9, 1
11, 2, 12, 15
3, 6, 11
9, 13
8, 1, 14
1, 5

Bloco 15

CONTEÚDOS:
- Dificuldades linguísticas:
- – Palavras com r
- – Palavras com ar, er, ir, or, ur
- – Palavras com rr

Palavras com r:

barata
barata

cadeira
cadeira

coruja
coruja

pirulito
pirulito

pera
pera

girafa
girafa

1. Leia e copie as palavras.

feriado

ferida

mamadeira

garoa

touro

feira

muro

2. Junte as sílabas e forme palavras.

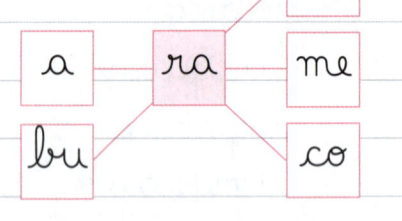

| a | ra | me |
| bu | | co |

pe		ca
u	ru	bu
ca		ru

Palavras com ar, er, ir, or, ur:

ar	ar
er	er
ir	ir
or	or
ur	ur
Ar	Ar
Er	Er
Ir	Ir
Or	Or
Ur	Ur

3. Leia e copie as palavras.

mar

circo

arte

irmão

carteiro

tarde

verdade

aberto

4. Leia e copie.

ar

er

ir

or

ur

Palavras com rr:

cigarra — cigarra
morro — morro
burro — burro
carro — carro

5. Complete as palavras com **ar**, **er**, **ir**, **or**, **ur** e copie-as.

col ▢
c ▢ ta
p ▢ co
▢ so
c ▢ co

6. Leia e copie as palavras.

correr
arrumar
varrer
burro
serra
garrafa
terra
sorrir
ferro

7. Escreva os nomes das figuras.

8. Forme frases com as palavras abaixo.

a) carro

b) burro

c) correio

9. Escreva as palavras a seguir.

Armando

armário

Ernesto

ervilha

Irlanda

irmão

Orlando

órfão

Úrsula

urbano

Bloco 16

CONTEÚDOS:
- Dificuldades linguísticas:
- – Palavras com ss
- – Palavras com s

bússola
voasse
vassoura
passeata
tosse
girassol
expresso

Palavras com ss:

pêssego
pêssego

osso
osso

pássaro
pássaro

1. Leia e copie as palavras.

missa
assobio

2. Faça a ligação e forme palavras.

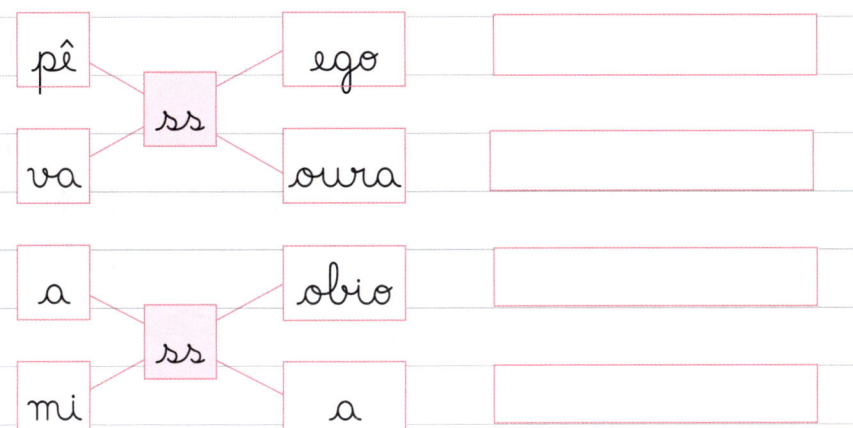

pê		ego
----	ss--	------
va		oura

a		obio
----	ss--	------
mi		a

Palavras com s:

rosa
rosa

mesa
mesa

vaso
vaso

3. Leia as palavras e circule as sílabas **sa** e **so**.

casaco
camisa
besouro
caso
desenho
risada
corajoso
liso
sorriso
música

4. Leia e copie estas palavras.

rosa
rosa

casa
casa

casaco
casaco

vaso
vaso

mesa
mesa

besouro
besouro

5. Junte as sílabas e forme palavras. Diga a numeração.

1 ra	2 po	3 ca	4 vi	5 ga	6 gui	7 li
8 na	9 me	10 sa	11 so	12 co	13 pe	14 ri
15 si	16 go	17 lo	18 ta	19 ro	20 mú	21 va

3, 10 e 12   casaco

5, 11, 7 e 8

4, 15 e 18

6, 17 e 11

13, 14, 16 e 11

20, 15 e 3

19 e 10

9 e 10

21 e 11

6. Escreva o nome dos desenhos.

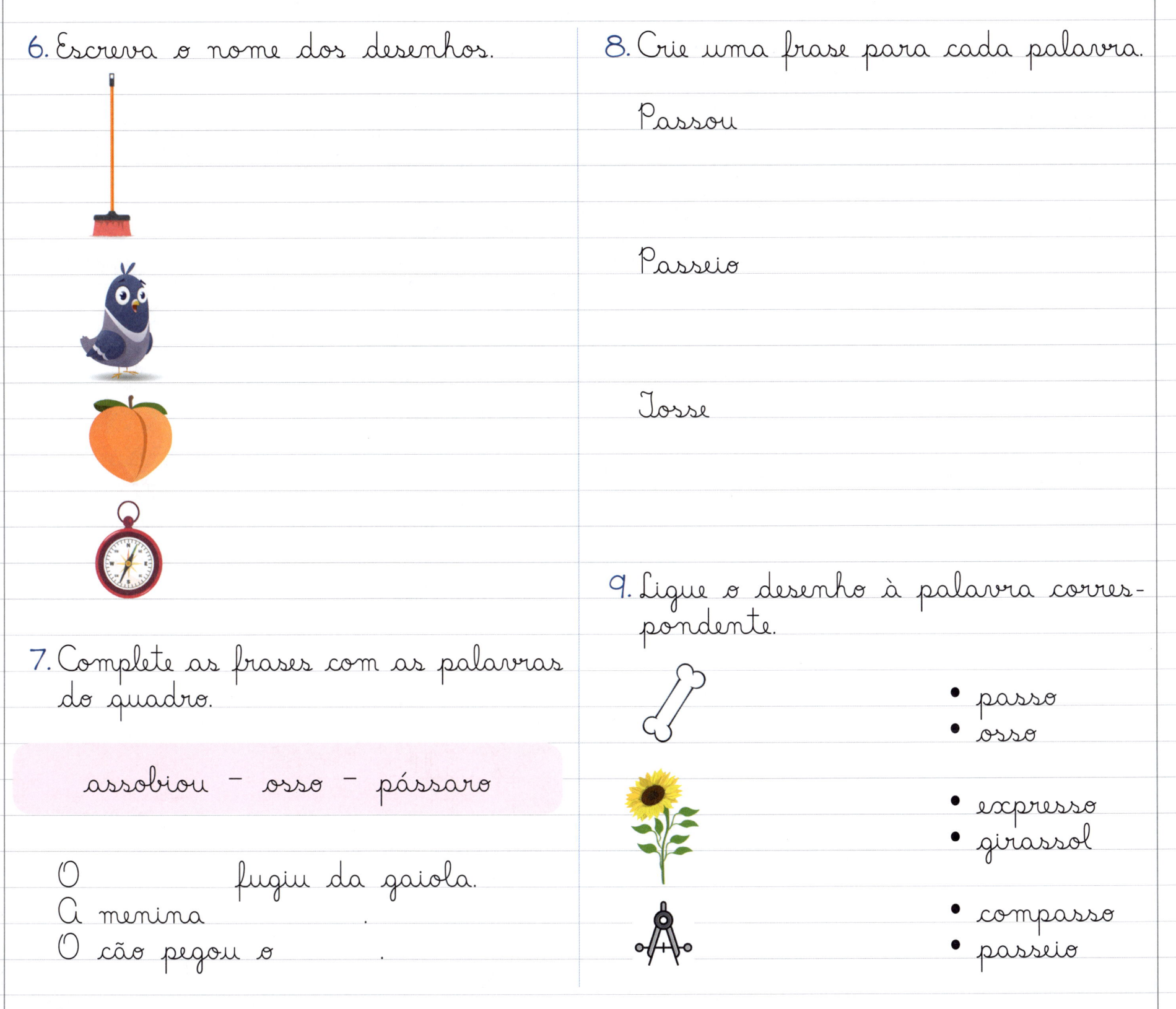

(vassoura)

(pássaro)

(pêssego)

(bússola)

7. Complete as frases com as palavras do quadro.

assobiou − osso − pássaro

O _____ fugiu da gaiola.
A menina _____.
O cão pegou o _____.

8. Crie uma frase para cada palavra.

Passou

Passeio

Tosse

9. Ligue o desenho à palavra correspondente.

- passo
- osso
- expresso
- girassol
- compasso
- passeio

10. Escreva as palavras a seguir.

carrossel

amassado

pensamento

passeio

aniversário

progresso

casamento

pesadelo

passageiro

consulta

Bloco 17

CONTEÚDO:
- Dificuldades linguísticas:
- Palavras com ch, nh, lh

chocolate

chegou

chaveiro

cachorro

chuveiro

Palavras com ch:

cha	cha	**Cha**	Cha
che	che	**Che**	Che
chi	chi	**Chi**	Chi
cho	cho	**Cho**	Cho
chu	chu	**Chu**	Chu

1. Leia e copie as palavras.

cheiro

chácara

machucado

2. Leia e copie.

cha

che

chi

cho

chu

3. Complete com **che** ou **chi** e depois separe as sílabas.

bi ☐ nho ▭

☐ nelo ▭

☐ que ▭

☐ bata ▭

☐ cote ▭

4. Complete as palavras com **cha** ou **cho**. Depois, copie-as.

☐ miné   mar ☐

☐ ve   ☐ colate

☐ calho   ☐ mar

☐ ca   ca ☐ rro

5. Complete as frases com as palavras do quadro.

chegar - machucado - cheirosa

Vence a corrida o primeiro a _____ .

André caiu e ficou _____ .

Ana passou perfume e ficou _____ .

Palavras com nh:

nha	nha	**Nha**	Nha
nhe	nhe	**Nhe**	Nhe
nhi	nhi	**Nhi**	Nhi
nho	nho	**Nho**	Nho
nhu	nhu	**Nhu**	Nhu

6. Leia as palavras e copie.

galinha

lenha

vizinho

ninho

banheiro

cozinha

dinheiro

fofinho

linha

minha

pinheiro

7. Leia e copie.

nha

nhe

nhi

nho

nhu

8. Leia e copie estas palavras:

galinha
galinha

minhoca
minhoca

dinheiro
dinheiro

unha
unha

9. Complete as palavras com **nh** e copie-as.

moedi[nh]a   cozi[nh]ando

ni[nh]o   u[nh]a

gali[nh]o   mi[nh]oca

ne[nh]uma   vizi[nh]o

10. Organize as palavras do quadro nas colunas correspondentes.

vinho - unha - linha - sonho
linho - manha - banha - pinho

nha	nho

11. Escreva frases com as seguintes palavras:

linha

filhotinho

dinheiro

12. Leia as palavras e ilustre-as.

Galinha	Passarinho

Aranha	Ninho

Caminhão	Rainha

Palavras com lh:

lha	lha
lhe	lhe
lhi	lhi
lho	lho
lhu	lhu

Lha	Lha
Lhe	Lhe
Lhi	Lhi
Lho	Lho
Lhu	Lhu

13. Leia e copie as palavras.

alho

coelho

velha

telha

velhinha

ovelha

14. Leia e copie.

lha

lhe

lhi

lho

lhu

15. Complete as palavras com **lha, lhe, lhi, lho, lhu**. Depois, copie-as.

pa ▢ ▭

fi ▢ ▭

ga ▢ ▭

coe ▢ ▭

toa ▢ ▭

joe ▢ ▭

bi ▢ te ▭

ore ▢ do ▭

reco ▢ do ▭

fo ▢ ▭

ca ▢ ▭

16. Complete com **l** ou **lh**. Em seguida, separe as sílabas.

toa [ ] [ ]

ve [ ] o [ ]

ge [ ] o [ ]

ca [ ] a [ ]

famí [ ] ia [ ]

te [ ] ado [ ]

meda [ ] a [ ]

fo [ ] a [ ]

co [ ] eita [ ]

sandá [ ] ia [ ]

17. Ilustre as palavras.

Abelha	Ilha

Coelho	Olho

Folha	Milho

18. Forme frases com as palavras:

Família

Bilhete

Molhou

19. Junte as sílabas e forme palavras.

te
fo → lha
pa

mi
a → lho
ve

Bloco 18

CONTEÚDO:
- Sons do x

Sons do x:

x = som de ch	x = som de z
xícara	exemplo
enxada	exército
peixe	exagerou
abacaxi	exame
caixa	êxito
bexiga	exercício

x = som de cs	x = som de s
axila	externo
táxi	exposição
boxe	exclusivo
fixo	excursão
maxilar	expulsar
crucifixo	extra

x = som de ss	
próximo	aproximar
máximo	trouxe
auxílio	aproximação

1. Leia e copie as palavras.

xícara

enxada

peixe

exemplo

existe

exagerou

próximo

máximo

2. Escreva uma frase com as palavras abaixo.

táxi

exposição

3. Ilustre as palavras.

Exposição	Boxe

4. Escreva frases com as palavras:

exame

exclamação

explicação

5. Organize as palavras do quadro nas colunas correspondentes.

> xícara - caixa - exame
> próximo - trouxe - peixe
> fixo - aproximar - extra

x = som de ch	x = som de z

x = som de cs	x = som de s

x = som de ss

Bloco 19

CONTEÚDOS:
- Dificuldades linguísticas:
- Palavras com an, en, in, on, un
- Palavras com am, em, im, om, um

Palavras com an, en, in, on, un:

an	*an*
en	*en*
in	*in*
on	*on*
un	*un*
An	*An*
En	*En*
In	*In*
On	*On*
Un	*Un*

1. Leia e copie.

am

em

in

on

un

2. Leia e copie estas palavras:

anjo
anjo

ponte
ponte

tinta
tinta

dente
dente

onça
onça

índio
índio

3. Complete com **an** e copie as palavras formadas.

☐ tigo

b ☐ co

c ☐ to

bal ☐ ça

4. Complete com **en** e copie as palavras formadas.

v ☐ to

p ☐ te

g ☐ te

t ☐ da

5. Complete com **in** e copie as palavras formadas.

l ☐ do

dom ☐ go

☐ formação

☐ terior

6. Complete com **on** e copie as palavras formadas.

☐ da

92

m [ ] tanha ☐

p [ ] to ☐

p [ ] te ☐

7. Complete com un e copie as palavras formadas.

f [ ] do ☐

n [ ] ca ☐

m [ ] do ☐

j [ ] to ☐

8. Separe as sílabas das palavras abaixo.

jumento ☐

ciranda ☐

melancia ☐

rinoceronte ☐

9. Escreva frases com as palavras:

piando

miando

latindo

Palavras com am, em, im, om, um:

am am
em em
im im
om om
um um

93

Am *Am*
Em *Em*
Im *Im*
Om *Om*
Um *Um*

10. Leia e copie.

am

em

im

om

um

11. Fale o nome de cada figura, depois leia e copie estas palavras:

bombom
bombom

bumbo
bumbo

lâmpada
lâmpada

pomba
pomba

homem
homem

12. Leia as palavras e ilustre-as.

Nuvem	Tambor

Bombom	Homem

13. Forme frases com as palavras:

bombeiro

empada

bumbo

pudim

Bloco 20

CONTEÚDOS:
- Dificuldades linguísticas:
- – Palavras com ã(s), ão(s), ãe(s), ões
- – Palavras com al, el, il, ol, ul

Palavras com ã(s), ão(s), ãe(s), ões:

lã – lãs	rã – rãs
fã – fãs	maçã – maçãs

mão – mãos	irmão – irmãos
chão – chãos	órfão – órfãos

pão – pães	alemão – alemães
cão – cães	capitão – capitães

balão – balões	limão – limões
avião – aviões	sabão – sabões

balão
balão

balões
balões

maçã
maçã

maçãs
maçãs

1. Leia e copie as palavras.

violão

feijão

irmão

capitão

manhã

avelã

hortelã ▢

coração ▢

amanhã ▢

macacão ▢

2. Escreva palavras com:

ão

ões

ãos

ãs

ães

ãe

3. Ilustre as palavras.

Mamão	Macarrão

Mãos	Anão

Cão	Leão

4. Forme frases com as palavras:

pavão

gavião

cão

Palavras com al, el, il, ol, ul:

al	al
el	el
il	il
ol	ol
ul	ul

Al	Al
El	El
Il	Il
Ol	Ol
Ul	Ul

5. Leia e copie.

al

el

il

ol

ul

6. Complete as palavras com **al, el, il, ol, ul**. Depois, copie-as.

s ☐   jorn ☐

fun ☐   past ☐

c ☐ ça   p ☐ ga

7. Ilustre as palavras.

Caracol	Funil

Papel	Balde

8. Complete com l e copie as palavras.

so ☐

me ☐

ta ☐ co

paste ☐

ane ☐

bo ☐ so

jorna ☐

Bloco 21

CONTEÚDOS:
- Palavras com bl, cl, fl, gl, pl, tl
- Palavras com br, cr, dr, fr, gr, pr, tr, vr

Palavras com bl, cl, fl, gl, pl, tl:

bloco

bla – ble – bli – blo – blu
bla – ble – bli – blo – blu

bicicleta

cla – cle – cli – clo – clu
cla – cle – cli – clo – clu

flauta

fla – fle – fli – flo – flu
fla – fle – fli – flo – flu

globo

gla – gle – gli – glo – glu
gla – gle – gli – glo – glu

placa

pla – ple – pli – plo – plu
pla – ple – pli – plo – plu

atleta

tla – tle – tli – tlo – tlu
tla – tle – tli – tlo – tlu

1. Escreva as palavras no quadro de acordo com as sílabas indicadas.

tablete - bicicleta - clube
cloro - aplicado - completo
floco - flor - atlântico - bloco
duplo - glória - glacê

bl	cl

fl	gl

pl	tl

2. Complete o quadro com as famílias silábicas. Faça como no exemplo.

placa	pla	ple	pli	plo	plu
atleta					
clara					
bloco					
flauta					
globo					

3. Ilustre as palavras.

Globo	Flor

Blusa	Bloco

4. Forme frases com as palavras.

atleta

ciclista

atletismo

5. Complete com a letra l e copie.

b ▢ usa

f ▢ auta

g ▢ obo

c ▢ ima

p ▢ ano

b ▢ oco

Palavras com br, cr, dr, fr, gr, pr, tr, vr:

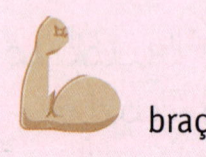

braço

bra – bre – bri – bro – bru
bra – bre – bri – bro – bru

cravo

cra – cre – cri – cro – cru
cra – cre – cri – cro – cru

pedra

dra – dre – dri – dro – dru
dra – dre – dri – dro – dru

fruta

fra – fre – fri – fro – fru
fra – fre – fri – fro – fru

grade

gra – gre – gri – gro – gru
gra – gre – gri – gro – gru

prato

pra – pre – pri – pro – pru
pra – pre – pri – pro – pru

estrela

tra – tre – tri – tro – tru
tra – tre – tri – tro – tru

livro

vra – vre – vri – vro – vru
vra – vre – vri – vro – vru

6. Complete as palavras com **pr**, **br**, **tr**. Depois, copie-as.

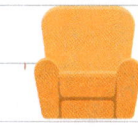

pol ☐ ona

ca ☐ ito

☐ ato

☐ esente

☐ ego

es ☐ ela

7. Complete com as sílabas que faltam.

tra ▢▢▢▢

cra ▢▢▢

bra ▢▢▢

pra ▢▢▢

gra ▢▢▢

vra ▢▢▢

dra ▢▢▢

fra ▢▢▢

8. Forme frases com as palavras.

cravo

zebra

estrela

9. Circule a palavra correspondente ao desenho.

criança
cravo

cofre
fruta

presente
prato

gruta
igreja